황금물결은 새물결출판사의 어린이 청소년 브랜드입니다.
이 책의 한국어 판 저작권은 Altitude Anyway와 독점 계약한 새물결출판사에 있습니다.
신저작권법에 의해 한국 내에서 보호를 받는 저작물이므로 무단 전재와 복제를 금합니다.

굿플래닛코리아는 Goodplanet.org의 한국 파트너입니다.
사진이나 액자 구입을 희망하시는 분은 굿플래닛코리아(02-322-8696)로 연락주시기 바랍니다.
책의 판매수익금 중 일부는 지구환경보호를 위한 비영리기구 Goodplanet.org에 기부됩니다.

얀이 들려주는 지구의 미래

사진 | 얀 아르튀스-베르트랑
기획 | 굿플래닛코리아
글쓴이 | 안광국 · 김외곤
삽화 | 류재인
디자인 | AGI
펴낸이 | 조형준
펴낸곳 | 황금물결
펴낸날 | 1판 1쇄 2010년 4월 9일
등록 | 서울 제313-25100-2009-283호.(2009.12.30)
주소 | 서울특별시 마포구 연남동 565-31 우편번호 121-869
전화 | (편집부) 3141-8696 (영업부) 3141-8697 **팩스** | 3141-1778
e-mail | sm3141@kornet.net

Photo © Yann Arthus-Bertrand.
© 황금물결, 2010

ISBN 978-89-94369-06-8 (64600)

얀이 들려주는

지구의 미래

얀 아르튀스 베르트랑

글 김외곤 · 안광국　**그림** 류재인

황금물결

주제별로 찾아보세요

머리말
우리 함께 지구의 미래를 만들어가요 · 8

생물종 다양성, 자연 환경
위험에 빠진 산호초 · 18
뭉치면 살까, 죽을까? · 26
아마존의 급격한 산림 파괴 · 40
바다와 육지의 절묘한 만남 · 56
생명은 정말 다양해요 · 58
파괴된 해안들 · 60

기후변화
바다에 잠긴 해변과 섬 · 12
점점 힘이 세지는 홍수 · 14
인류의 미래, 남극 · 16
넓어지는 사막 · 22
해마다 줄어드는 빙하 · 28
기후가 화가 나면 · 50

인구
물이 말라 버린 우물 · 30
미래를 존중하는 법을 배워요 · 32
더불어 함께 살기 · 34
전쟁의 상처 · 48
끝없이 늘어선 판잣집 · 44
평등하지 못한 의료권 · 52

농업과 생산물

풍부한 경작지, 빈곤한 자연 · 10
모두가 행복해 지는 공정 거래 · 20
공습경보! 공습경보! · 24
헐벗은 산림, 무너지는 땅 · 38
사람들을 어떻게 먹일까요? · 42
아랄 해가 점점 줄어들어요 · 36

공해

넘쳐나는 쓰레기 · 46
편리하지만 위험한 핵에너지 · 54
공기를 오염시키는 교통 · 62
자연이 주는 천연에너지 · 64
다양한 생명들의 공존 · 66

맺음말

희망이 있는 한 우리의 미래,
아직 늦지 않았습니다! · 68

* 사진 옆에는 작은 세계 지도가 있어요. 여기에 표시된 빨간 점이 사진을 찍은 곳이랍니다.

우리 함께 지구의 미래를 만들어가요

혹시 "10년이면 강산도 변한다"라는 말 들어본 적이 있나요? 옛사람들은 강이나 산은 여간해서 변하지 않는다고 생각했습니다. 한강은 예나 지금이나 똑같이 흐르고 남산도 서울 한가운데 몇 천 년을 그대로 버티고 서 있는 모습을 볼 수 있지요. 하지만 10년이면 그러한 강과 산도 결국 변할 수밖에 없다는 이야기입니다. 평균 수명이 지금의 절반 정도밖에 되지 않았던 옛사람들에게 10년은 그만큼 긴 세월이었던 거지요.

그런데 우리가 사는 지구는 지금 얼마나 빠르게 변하고 있을까요? 킬리만자로 산을 덮고 있는 눈은 한 번도 녹지 않아 만년설이라고 했는데 이제는 녹아 없어지고 있습니다. 심지어 히말라야 산맥의 눈도 서서히 녹기 시작했답니다. 정말 두 눈으로 보기 전에는 거짓말처럼 들리지요?

몇 가지 이야기를 더 들려줄까요? 제가 여러분과 비슷한 나이였던 1970년대 초만 해도 텔레비전과 전화가 있는 집은 전교생을 통틀어 얼마 없었습니다. 어쩌다 황톳길에 자동차라도 한 대 나타나면 뽀얀 먼지에도 아랑곳하지 않고 뒤쫓아 가느라 정신이 없었죠. 간혹 하늘에 비행기라도 한 대 지나가면 그것을 먼저 본 친구의 가방을 집에까지 대신 메고 가는 내기를 하며 놀았지요. 하지만 지금은 모든 것이 변했습니다. 텔레비전이 없는 집을 찾아보기 힘들고, 사람들마다 휴대전화를 갖고 다니죠. 더구나 지금 우리나라는 주요 자동차 수출국이 되었답니다. 1950년대만 해도 우리나라 축구 국가 대표 팀이 스위스 월드컵에 참가하는 데 거의 일주일이나 걸렸답니다. 그런데 지금은 10시간 정도면 충분하지요.

이처럼 눈이 어질어질할 정도로 많은 것들이 변했습니다. 우리는 이런 일들이 '선진국'이 되는 길이라고 믿어 '자연'과 '환경'은 생각조차 하지 못했습니다. 우리가 사는 별 지구에 끼칠 결과는 신경 쓸 겨를이 없었던 거지요. 예를 들어 석유가 비행기와 자동차를 움직이는 연료이기도 하지만 공기를 오염시킨다는 것에 대해서는 관심을 기울이지 못했던 것입니다. 바다를 메우면 무조건 땅이 생긴다고만 생각했지, 갯벌에 얼마나 많은 동식물 친구들이 우리와 함께 살아가고 있는지 생각조차 못했지요. 이러한 예는 얼마든지 더 들 수 있습니다. 조금 더 넓게 생각해볼까요? 지금 우리가 날마다 먹고 있는 식품들은 지금 대량으로 생산해서 대량으로 소비되기 때문에 어디서 어떻게 생산되었는지를 알기 힘들고, 그래서 그것이 과연 안전한지 장담할 수 없게 되었답니다. 과거에는 배고픔에 시달렸지만 지금은 '식품 안전성' 때문에 불안해하고 있는 거지요.

이처럼 우리는 20세기에 이르러서야 자연의 균형이 깨지고 우리 인간들이 저지른 일 때문에 지구의 기후가 변하고 있다는 사실을 알게 되었습니다. 지난 1990년대에 지구 기온은 인류가 기온을 측정하기 시작한 이래 최고로 높았고, 쓰나미나 미국 남부를 덮친 허리케인 카트리나의 규모는 '역사상 최대'를 기록했지요. 자연재해가 발생할 때마다 '역사상 최고' 기록을 경신하는 폭설, 폭우, 폭염 등의 '기상 이변'도 너무나 자연스런 일이 되었지요. 봄에만 찾아왔던 황사도 이제는 계절에 상관없이 찾아오고, 그 강도와 피해도 점점 커지고 있습니다…….

이러한 일들 때문에 '지속가능한 발전'이라는 생각을 하게 되었습니다. 지구촌 모두가 더 이상 이런 방식으로는 살아갈 수 없다는 것을 깨닫게 된 것이지요. 이 말은 '지금의 삶을 계속 발전시켜 나가는 동시에 지구를 보전하려는 노력이 함께 이루어져야 한다'는 뜻입니다. 물론 이것은 정치가나 환경운동가들만이 신경 써야 할 문제가 아니라, 당연히 우리 모두가 풀어가야 할 과제이지요. 물론 쉽지 않은 일이겠지요. 중국의 '우공이산'이란 옛이야기처럼, 해결해야 할 일은 태산 같더라도 우리들 한 사람 한 사람이 할 수 있는 일은 많지 않을까요? 쓰레기 분리수거, 대중교통 이용, 자연환경 보호 같은 일들 말입니다.

찬물이 들어 있는 냄비 속을 헤엄치고 있는 개구리를 서서히 불로 가열하면 개구리는 불쌍하게도 자기가 죽는 줄도 모르고 죽어 간다고 합니다. 개구리는 그저 지금이 편하니까 앞으로 다가올 미래는 전혀 예상하지 못하는 거지요. 이 냄비를 지구라고 생각하고, 개구리를 우리 인간이라고 생각하면 어떨까요? 이제 우리가 어떻게 행동해야 할지는 누구나 쉽게 상상할 수 있지 않을까요?

굿플래닛코리아 홍미옥

기후변화는 왜 일어나는 것일까요?

온실효과는 자연 현상 중의 하나입니다. 지구를 둘러싼 대기는 태양에서 오는 빛의 일부만 통과시킵니다. ① 태양빛의 절반은 땅에 흡수되고 ② 나머지 반은 구름에 반사되거나 대기에 흡수되지요. ③ 대지는 열을 적외선 형태로 발산합니다. 이 열의 일부는 우주 공간으로 발산되어 나가고 ④ 나머지는 대기층에 가로막힙니다. 특히 수증기나 이산화탄소처럼 대기층에 자연적으로 존재하는 가스가 그것을 가로막지요. 온실이 열을 달아나지 못하게 하는 것처럼 이러한 가스는 열을 가로막아 지구에 머물게 합니다. 이러한 온실효과 덕분에 우리가 지구에서 살아갈 수 있는 것이랍니다. 그런데 인간의 활동, 특히 산업 활동과 교통량 증가로 인해 소위 온실효과 가스들(이산화탄소, 메탄가스, 아산화질소)이 점점 더 많이 배출되었습니다. 이것들이 점점 더 두꺼운 층을 형성하여 옛날보다 더 많은 열을 지구에 돌려보내는 것이지요. 이로 인해 지구의 온도는 전반적으로 높아졌습니다. 앞으로 100년 안에 지구 온도는 1.4~5.8℃까지 상승해 커다란 기후변화를 가져올 거라고 합니다.

 1950년 이후 지구의 경작지 중 40퍼센트가
집약적 농업 방식 때문에 훼손되었답니다.

유럽, 프랑스

혁명과 포도주, 에펠탑과 루브르 박물관 등 예술의 나라로 유명하다 (인구 6천만 명).

풍부한 경작지
빈곤한 자연

프랑스 남서부에 있는 코냑 지방의 밀과 포도 경작지 풍경입니다. 나무 한 그루만이 고독하게 서서 예전에는 이곳에 덤불숲과 산울타리가 있었노라고 증언하는 것 같군요.

▶ **어떻게 이토록 큰 밭에 한쪽에는 밀만, 다른 쪽에는 포도만 재배할 수 있을까요?** 이러한 풍경은 집약적 농업을 하고 있는 부자 나라들에서 볼 수 있습니다. 최첨단 기술과 거대한 농기구, 화학제품을 사용하지요. 분명 생산성은 높지만 환경에는 좋지 않은 영향을 많이 미칩니다.

▶ **화학 비료는 땅을 약하게 만들고 살충제는 지하수를 오염시켜 벌과 나비 같은 곤충들에게도 피해를 주지요.** 또한 비가 내려도 물을 빨리 증발시켜 땅을 점점 건조하게 만듭니다. 게다가 팔고 남은 수확물을 태우는 과정에서 온실가스의 주범인 메탄가스나 이산화탄소 등도 많이 배출하고요.

▶ **우리 인류의 지속을 위해서는 환경 파괴를 줄이면서 식량을 생산하고** 지구의 유한한 자원 — 소중한 물, 척박해지고 있는 토양, 사라져가는 동물들 — 을 보호해야 합니다.

 앞으로 수십 년 안에 네덜란드는 국토의 6퍼센트가,
방글라데시는 무려 12퍼센트가 바다에 잠길 거래요.

아시아, 몰디브

인도양의 2,000여 개의 산호초로 이루어진 작은 섬나라이다. 아름다운 자연을 활용한 관광 산업이 발달하였다(인구 37만 명).

바다에 잠긴 해변과 섬

몰디브의 이 산호섬은 꼭 눈동자처럼 보이지 않나요? 모래사장 가장자리의 녹갈색으로 흐릿하게 보이는 부분이 산호초랍니다. 산호와 바다가 만들어 낸 아주 신기한 풍경이지요.

▶ 몰디브는 약 1천2백 개의 작은 섬으로 이루어져 있습니다. 물론 섬이라고 하지만 물 위로 아주 약간 솟아오른 부분(2.5미터밖에 안됩니다)에 지나지 않죠. 이 때문에 지구의 기온 상승으로 해수면이 지금처럼 계속 높아지면 몰디브도 태평양의 투발루처럼 물에 잠기게 될 것이라고 합니다. 그렇게 되면 사람들은 정든 섬을 떠나야 하고, 희귀한 바다거북이나 철새들의 보금자리도 사라지게 되지요.

▶ 그런데 21세기에는 태평양에 있는 다른 많은 섬들도 이렇게 물에 잠길 것이라고 합니다. 100년 안에 해수면이 곳에 따라서는 무려 88센티미터까지 상승한다고 하니까요.

▶ 그런데 이러한 지구 전체의 문제를 해결하기 위한 지구촌의 협력은 아직까지 많이 부족합니다. 이산화탄소를 제일 많이 배출하는 미국의 비협조적인 태도나 또한 물에 잠기고 있어서 다른 곳으로 이주해야만 하는 투발루 국민들의 호소를 외면해 버린 호주가 대표적인 예이지요.

1980~1990년의 10년 사이에 전 세계의 자연재해 피해자 수는 50퍼센트나 증가했대요.

아시아, 방글라데시
세계 제1의 인구 조밀국이며 해외 원조가 정부 재정 지출의 절반을 차지할 만큼 세계 최빈국 중의 하나이다(인구 1억 5천3백만 명).

점점 힘이 세지는 홍수

방글라데시 사람들은 홍수와 같은 자연재해에 익숙해져 있답니다. 하지만 너무 자주 일어나고 규모도 엄청나서 피해는 점점 커져만 가고 있지요.

▶ 이 할아버지와 꼬마 소녀가 물에 잠긴 이곳에 갇힌 채로도 행복할지 어떨지는 확실치 않지요.…… 어쨌든 방글라데시에서는 대규모 홍수가 빈번하게 일어납니다. 갠지스 강 삼각주에 국민의 절반 이상이 거주하기 때문에 사이클론이라는 태풍이 불어오면 맹렬하게 퍼붓는 비로 인해 그 피해는 상상하기 힘들 정도이죠.

▶ 길게 뻗어 있는 대나무 막대기가 보이지요? 이 덕분에 적어도 익사는 면할 수 있었군요! 기상이변으로 이런 홍수 피해가 점점 더 심해지고 있습니다. 1984년의 대홍수 때에는 1백만 명의 이재민이 생겼고, 1988년에는 국토의 4분의 3이 물에 잠기기도 했습니다. 그래서 정부에서는 강둑에 방파제를 쌓고, 홍수 경보 체계를 효율적으로 보완하여 과거보다 홍수 피해가 조금 줄었다고 합니다.

▶ 그러나 이런 노력만으로는 한계가 있지요. 근본적인 원인은 기후변화입니다. 그 때문에 전 세계적으로 자연재해가 갈수록 늘어나고 피해 지역도 전 세계 모든 지역으로 확산되고 있습니다.

지구 전체 담수의 70퍼센트가 남극 대륙에 있습니다.

남극
한반도 면적의 60배에 달하며 두께가 2킬로미터가 넘는 얼음 층으로 덮여 있다.

인류의 미래, 남극

거대한 남극에서 떨어져 나온 이 빙산들은 아델리 해안 앞바다에 천천히 떠 다니고 있어요. 빙산 위의 빨간 점퍼를 입은 아저씨를 보면 이 빙산이 얼마나 큰지 짐작할 수 있겠지요. 우리에게 보이는 부분은 이 빙산 전체의 약 5분의 1뿐이고 나머지는 바닷물 속에 잠겨 있어요.

▶ 지구온난화가 심해지면 먼저 극지방의 얼음이 녹으면서 해수면이 높아집니다. 만일 이 얼음이 전부 녹으면 해수면이 1미터가량 높아진다고 합니다. 지구온난화로 남극대륙의 얼음은 해마다 약 1천4백 억 톤 정도가 녹고 있습니다.

▶ 얼음이 녹아 빙산이 점점 더 많아지면 이곳에 사는 펭귄들이 위험에 처할 수도 있습니다. 2005년에는 남극의 로스 해 주변에서 거대한 빙산이 바닷물의 흐름을 막아 바다가 어는 바람에 아델리 펭귄 새끼 수만 마리가 굶어 죽을 위기에 처한 적도 있었습니다.

▶ 지금 남극에는 우리나라의 세종기지를 비롯하여 많은 나라의 과학 기지들이 있습니다. 1959년 체결된 남극조약에 따라 기후, 지리, 바다, 생태계, 광물자원 등 평화적인 목적의 연구들을 수행하고 있지요. 그렇지만 온실가스를 줄이는 것과 같은 매우 중요한 목표를 위해서는 아직까지 전 세계가 함께 발맞춰 나가고 있지는 못한답니다.

지구의 산호초 중 절반 이상이 훼손 위험에 처해 있대요.

오세아니아, 오스트레일리아
세계에서 제일 작은 대륙으로 캥거루와 코알라의 천국이며 '세계의 배꼽'이라 불리는 울룰루 바위로 유명하다(인구 2천만 명).

위험에 빠진 산호초

무려 2천5백 킬로미터에 걸쳐 있는 이 산호초는 유네스코 세계자연유산 중 가장 큽니다. 중국의 만리장성처럼 우주에서도 모습이 보일 정도로 커서 대보초(Great Barrier Reef)라고 부릅니다.

▶ 산호초는 산호에서 나오는 물질과 해조류가 결합하여 만들어집니다. 산호초는 물고기, 말미잘, 해파리, 해면, 새우, 게 등 온갖 바다 생물의 삶의 터전입니다. 마치 육지의 숲과 같다고 해서 바다의 열대우림이라고도 부르죠.

▶ 그런데 이 산호초가 지구상에서 가장 심각한 위기를 맞고 있습니다. 각종 공해와 지구온난화로 바닷물의 온도가 올라가서 해조류가 죽자 산호들이 아름다운 색을 잃고 모두 하얀색으로 변해 죽어가고 있죠. 앞으로 산호초를 둥지 삼아 살아가던 많은 생물들도 사라지게 되겠지요. 물론 상품으로 팔기 위해 마구잡이로 산호초를 캐는 일이나 무분별한 관광도 산호초를 파괴하는 원인입니다.

▶ 그리하여 오스트레일리아에서는 산호초 지역을 보호하기 위해 이곳을 국립공원으로 지정하였습니다. 산호는 자라는 데 수년씩이나 걸리기 때문에 한번 죽고 나면 원래 모습을 회복하기가 너무나 어렵습니다.

케냐에서 수확 철에 일하는 일꾼들 중에는 어린아이들이 30퍼센트나 됩니다.

서아프리카, 코트디부아르
세계 최대의 카카오 생산지이며 이주민이 세계에서 제일 많은 나라이다. '아프리카의 파리'라고도 불린다(인구 1천8백만 명).

모두가 행복해지는
공정 거래

이 파인애플은 남아메리카에서 기계적으로 재배한 파인애플과 치열한 가격 경쟁을 벌이며 유럽으로 수출됩니다. 만약 제값을 받지 못하면 땀 흘려 일한 일꾼들에게 정당한 몫의 품삯이 돌아가지 못합니다.

▶ 거대 농산물 기업들은 헐값에 설탕, 카카오, 커피, 파인애플 등을 사서 많은 이익을 남기려 합니다. 결국 생산자들은 제값을 받지 못하게 되어 생계가 어려워지죠.

▶ 1860년 네덜란드인 막스 하벨라르는 커피 거래에서 벌어지는 이런 잘못을 바로잡기 위해 일어섰습니다. 당시에 인도네시아에서 사들인 커피는 유럽에서 싸게 팔렸습니다. 이렇게 싸게 파는 바람에 노동자들은 열심히 일하고도 대가를 제대로 받지 못해 힘든 생활을 해야만 했습니다.

▶ 1988년 '하벨라르'라는 이름은 제값을 주고 들여와 파는 커피에만 붙는 명칭이 되었습니다. 생산자와 소비자가 좋은 상품을 제값에 거래할 수 있게 된 것이죠. 소비자들은 공정 거래를 통해 들여온 상품을 사는 것만으로도 전 세계 수백만 소규모 생산자들의 삶의 질을 변화시키는 데 한몫하게 되는 셈이지요. 네덜란드나 독일에서는 이런 공정 거래를 통해 들여온 커피가 해마다 3천 톤이나 팔린답니다.

현재 지구 전체의 약 3분의 1이 사막화의 위험에 처해 있고
10억~20억 명의 인구가 사막화의 피해를 입고 있습니다.

아프리카, 말리

황금과 소금, 상아로 부를 이루었던 나라로 세계 최대의 진흙 모스크가 있다. 모래 속에 묻혀버린 황금도시의 전설을 갖고 있다(인구 1천3백만 명).

넓어지는 사막

통북투에서 북쪽으로 약 300킬로미터 떨어진 곳에 있는 작은 마을입니다. 아라우안의 우물들은 옛날에 수많은 대상과 유목민들이 몰리던 명소였지요. 하지만 이제 이 우물들은 모두 모래에 파묻혀 버렸답니다.

▶ **사막이 자꾸 늘어나고 있습니다.** 특히 사하라 사막 주변과 중국의 고비 사막, 몽골 지역이 더욱 더 심해지고 있습니다. 사하라 사막은 매년 10킬로미터나 확장되고 있고, 중국에서는 사막이 해마다 베이징 쪽으로 1.8킬로미터씩 가까워지고 있다고 합니다.

▶ **사막은 왜 늘어날까요?** 가뭄과 같은 기후변화의 영향도 있지만 사람들이 무분별하게 숲의 나무들을 베어 내고 있기 때문입니다. 숲이 사라지면 비가 내리더라도 수분이 빨리 증발되어 식물들은 자라지 못하고 점점 사막화가 가속화되는 것이죠.

▶ **사막화를 막기 위해서 무엇을 해야 할까요?** 우선 국제적인 협력이 필요합니다. 세계 여러 나라가 사막화 지역에 나무를 심고, 지구온난화를 일으키는 온실가스 배출량을 줄이기 위해 노력해야 합니다. 그리고 해당 지역 사람들이 환경을 해치지 않고 다른 방법으로 살아갈 수 있게 도와주어야 합니다.

 정원에서 쓰는 살충제 양이 농경지에서 쓰는 양보다 더 많다는 걸 아세요?

아프리카, 마다가스카르

'어린왕자'에 나오는 바오밥나무로 유명하다. 토착 동식물이 20만 종이나 되어 살아 있는 박물관이라고 불린다. 영화 '마다가스카'의 나라이다(인구 2천만 명).

공습경보!
공습경보!

마다가스카르 라노히라 근방에 수십 억 마리의 메뚜기 떼가 침입했군요. 세계 곳곳에서 메뚜기 떼가 습격하여 삼림을 황폐하게 하고 농작물을 완전히 삼켜 버리는 일이 종종 벌어진답니다.

▶ 메뚜기들은 번식하기 좋은 조건에서 숫자가 급격하게 불어나기로 유명합니다. 수만 마리에서 수십 억 마리에 이르는 메뚜기 떼는 세계 곳곳에서 큰 골칫거리지요. 특히 식량 사정이 안 좋은 지역에서 메뚜기 떼의 습격은 치명적입니다. 그래서 이 같은 피해를 막기 위해 많은 노력을 기울이지만 아직까지 큰 효과를 거두지는 못하고 있습니다.

▶ 그렇다고 마구잡이로 살충제를 뿌릴 수도 없습니다. 살충제를 뿌리면 메뚜기만 죽이는 것으로 끝나지 않으니까요. 곤충을 잡아먹는 새나 개구리에게 피해를 주고, 다시 또 이들을 잡아먹는 매나 뱀에게까지 피해가 돌아가지요. 그리고 먹이사슬이 끊어지면서 천적들이 사라지면 오히려 해충의 피해가 더 커질 수도 있습니다.

▶ 미국에서는 산림의 해충을 없애기 위해 뿌린 살충제 때문에 강에 사는 연어가 떼죽음을 당한 적도 있답니다. 그래서 요즘은 살충제를 쓰지 않고 해충을 없애기 위한 다른 방법을 찾아내는 데 많은 관심을 기울이고 있습니다.

 전 세계 포유류의 4분의 1, 조류의 12퍼센트, 어류의 3분의 1,
그리고 곤충류와 꽃식물은 절반 이상이 멸종 위기에 처해 있답니다.

유럽, 아이슬란드

얼음과 화산의 나라로 세계 최초의 의회제도와 1인당 세계 최고의 출판 활동 등 높은 문화 수준을 자랑한다(인구 30만 명).

뭉치면 살까 죽을까?

수만 마리의 북양가마우지가 봄이면 찾아와 둥지를 틀고 알을 낳는 엘디 섬의 모습입니다. 검푸른 바다 위에 홀로 떠 있는 바위섬이 새들로 뒤덮여 있는 모습이 매우 인상적이지요.

▶ 아이슬란드의 이 작은 섬에 북양가마우지들이 알을 낳으려고 모여듭니다. 수만 마리 새들이 모여드는 이 섬은 덕분에 세계적으로 손꼽히는 주요 서식지가 되었죠. 집단을 이루고 살면 좋은 먹이가 있는 곳을 찾기 쉽고, 적들로부터 스스로를 보호할 수 있다는 장점이 있지요. 하지만 모여 살기 때문에 생길 수밖에 없는 단점도 있습니다. 이곳의 자연환경(공해나 먹이 부족 등)이 조금이라도 변하면 순식간에 떼죽음을 당할 수 있지요. 바다의 수온이 상승하면 새들의 먹이인 물고기들이 다른 곳으로 이동하여 더 이상 이곳에서 살 수가 없을 테니까요. 1992년에는 북대서양에서 청어와 열빙어가 사라져 이곳의 철새 서식지가 치명적인 피해를 입기도 했습니다.

▶ 현재 지구상에는 많은 동식물이 멸종 위기에 처해 있습니다. 지금 빼곡하게 엘디 섬을 차지하고 있는 이 북양가마우지 무리들도 1884년 이 섬에서 마지막 남은 한 마리 큰바다쇠오리가 목숨을 잃은 것처럼 위기에 처할지도 모릅니다.

 해마다 지구에서 녹아 사라지는 빙하의 면적은 3만 7천 제곱킬로미터 (스위스 전부에 해당하는 넓이)에 이른다고 합니다.

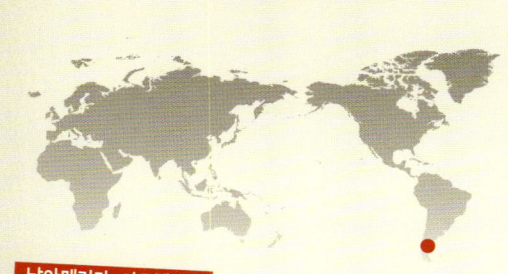

남아메리카, 아르헨티나

남아메리카에서 두 번째로 크고 세계에서는 여덟 번째로 큰 국가이다. 탱고와 목축으로 유명하다(인구 4천만 명).

해마다 줄어드는 빙하

페리토모레노 빙하가 녹아서 아르헨티나 남부 파타고니아 지방의 아르헨티노 호로 흘러내리고 있습니다. 1990년대 이후로 남아메리카의 빙하는 급격히 줄어들고 있습니다.

▶ 이 빙하는 아르헨티나의 빙하 국립공원에 있는 360개의 빙하 중 가장 아름다운 것으로 유명합니다. 길이가 무려 약 35킬로미터나 되며 칠레 국경까지 이어져 있다고 합니다.

▶ 빙하가 녹는 일은 자연적인 현상입니다. 그러나 기후변화로 속도가 점점 더 빨라지고 있고 최근 수십 년 사이에 상당한 면적의 빙하 표면이 녹아 버려 큰 걱정이랍니다. 아프리카의 상징인 킬리만자로 산의 만년설도 이미 4분의 3이나 녹아 없어졌다고 합니다.

▶ 어떤 과학자는 2020년이면 킬리만자로의 만년설이 다 녹아 없어질지도 모른다고 경고하고 있습니다. 히말라야 산맥의 눈도 예전보다는 많이 줄어들었지요. 알래스카에서도 대부분의 빙하가 줄어들었습니다. 또 북극 지역이나 남극 지역의 얼음들도 과거보다 빨리 녹고 있습니다. 북극해의 얼음은 10년마다 15퍼센트씩 줄어들고 있답니다.

비위생적이거나 오염된 물을 마시고 죽는 사람이 전 세계적으로 매년 5백만 명에 달합니다.

서아프리카, 코트디부아르
21쪽 참조.

물이 말라 버린 우물

우리는 언제든 수도꼭지만 틀면 찬물과 더운물이 콸콸 쏟아져 나온다고 생각하지요. 그러나 아프리카 사람들은 우리가 쓰는 물의 10분의 1도 안 되는 양으로 생활하고 있습니다.

▶ 주민들의 대야가 줄줄이 늘어서 있는 이유가 뭘까요? 무더운 지역이 으레 그렇듯이 이곳 아프리카에서는 마시고 씻고 농사지을 물을 구하는 일이 너무나 어렵습니다. 세계적으로, 마실 수 있는 물을 구할 길이 없는 사람들이 10억 명도 넘는다는 사실을 알고 있나요?

▶ 현재 지구상에는 물이 부족한 지역이 점점 늘어나고 있습니다. 세계 인구가 늘어나면서 물 사용량이 예전보다 많아졌고, 반면에 기후변화, 수질오염 등으로 사용할 수 있는 물의 양이 줄어들었지요. 나일 강이나 유프라테스 강, 티그리스 강처럼 여러 나라에 걸쳐 흐르는 강들의 경우 물을 놓고 이웃 나라들끼리 싸우기도 합니다. 강의 상류에 커다란 댐을 만들면 강의 하류에 있는 나라에서는 물을 쓰기가 어려워지니까요.

▶ 유엔 보고서에 따르면 물 부족으로 고통 받는 사람들이 현재 4억 명에서 2050년에는 40억 명 이상이 될 거라고 합니다.

오늘날 전 세계 어린이 10명 중 8명은 학교에 다닙니다. 이것만으로도 대단한 발전이긴 하지만 아직도 많은 어린이들이 일을 하느라 학교 교육을 받지 못한답니다.

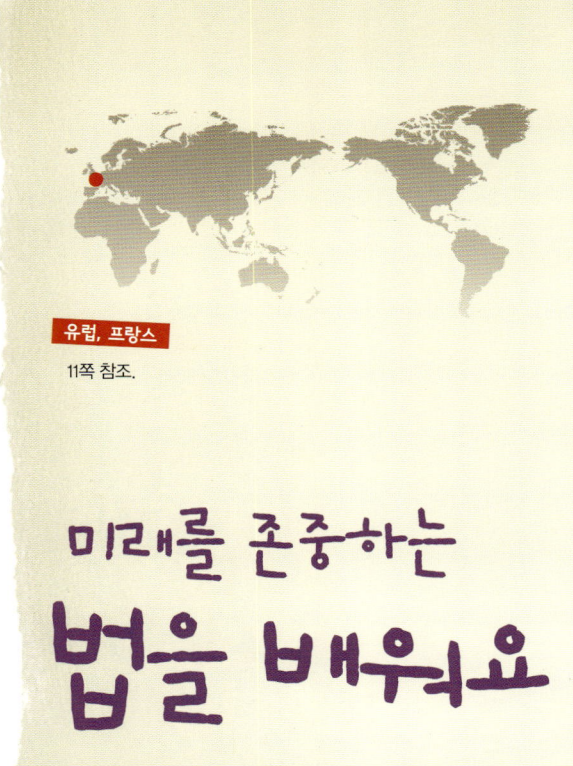

유럽, 프랑스
11쪽 참조.

미래를 존중하는 법을 배워요

학교 운동장에 그려진 이 색색의 서유럽 지도를 보며 학생들은 프랑스를 넘어 서유럽 전체를 생각하며 자라겠지요. 이렇게 다른 나라와의 연관성을 생각하며 자라는 것은 미래를 위해서 매우 중요합니다.

▶ '지구는 하나'라는 말이 어떤 뜻인지 곰곰이 생각해 본 적이 있나요? 우리가 타고 다니는 자동차의 배기가스가 지구온난화의 원인이 되어 북극과 남극의 빙산을 녹여 지구 반대편의 남태평양 섬나라 사람들의 삶을 위협할 수도 있습니다. 나무젓가락, 종이 등을 무심코 사용할 때마다 브라질이나 인도네시아 숲의 나무 한 그루가 사라질 수도 있고요. 또한 몽고의 초원이 건조해지면서 한반도에 심각한 황사 피해가 발생합니다. 이처럼 지구는 서로 영향을 주고받는 하나의 세계랍니다.

▶ **미래를 만들어 가는 데 교육보다 더 중요한 것은 없습니다.** 사진 속의 운동장에 그려진 형형색색의 지도에는 교육을 통해 미래를 바꾸고자 하는 뜻이 담겨 있습니다. 어린이들을 지금의 어른 세대보다 더 책임감 있고 단결할 줄 아는 사람들로 키워 낸다는 것, 정말 좋은 생각이지요? 교육은 미래의 주인공이 될 어린이들이 지구의 문제를 해결해 나가는 데 중요한 역할을 할 것입니다.

함께 살아가기, 그것은 각 동네나 도시 혹은 국제적 차원의 단체들이 전 세계에서 수만 개나 출현하고 있는 것을 보면 잘 알 수 있습니다.

서아프리카, 말리
23쪽 참조.

더불어 함께 살기

비슷비슷한 집들이 옹기종기 모여 있군요. 담과 담이 잇닿아 있고 집들도 흙으로 지어진 것을 보니 이곳 사람들은 이웃과 그리고 자연과 다정하게 어울려 사는 것 같군요.

▶ 아프리카에서 가장 유서 깊은 문화로 꼽히는 도곤 족 문화가 이 지붕들 아래에서 살아 숨 쉬고 있습니다. 세계의 다른 지역들에서도 그렇지만 여기서도 전통적 삶의 양식은 가족과 마을 사람들의 연대를 지켜나가는 열쇠입니다. 집집마다 지붕과 담장이 서로 잇닿아 있는 것처럼 사람들은 함께 마을 일을 하면서 살아가지요. 주변에서 쉽게 구할 수 있는 흙과 나무를 이용하여 집을 짓고 아이, 어른, 노인들이 한 마을에서 자연과 균형을 이루며 살고 있습니다.

▶ 그러나 다른 공동체들에서 그러했듯이, 아주 작은 문제로도 이러한 균형은 깨질 수 있습니다. 흉년이 이어진다든가 젊은이들이 도시로 떠난다든가 정치적 문제로 사람들이 서로 갈라진다든가 하는 것들 말입니다. 어느 곳이든 세상은 늘 변하게 마련이지만 함께 어울려 사는 공동체 생활에서는 어떻게 힘과 지혜를 모아 살아가느냐가 매우 중요합니다.

40년 사이에 아랄 해는 면적이 반으로 줄고 호숫물은 4분의 1만 남았습니다.

1989년   2008년

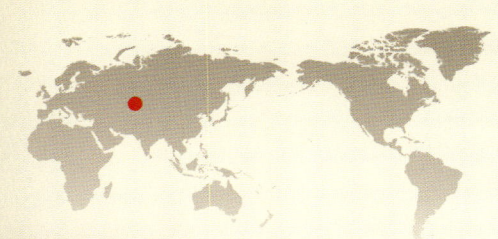

아시아, 카자흐스탄

광물자원이 풍부해 중앙아시아 최대의 자원 대국으로 떠오르고 있다. 13세기 칭기즈칸의 후예인 전통적인 유목민족이 세운 나라이다(인구 1천5백만 명).

아랄 해가 점점 줄어들어요

카자흐스탄의 아랄스크 지역 황무지에 옛 트롤 어선 한 척이 놓여 있네요. 40년 전에는 이곳까지 아랄 해의 호수물이 가득 차 있었어요. 세계에서 4번째로 큰 호수였지요. 그런데 지금은 여기서 60킬로미터나 더 가야 호수가 나온답니다!

▶ 2020년쯤에는 이곳의 호수가 완전히 말라 버린다고 합니다. 왜 이런 일이 일어난 것일까요? 1960년대 옛 소련 정부는 아랄 해로 흘러드는 아무다리야 강과 시르다리야 강의 물을 끌어와서 대규모 면화 농업을 시작했습니다. 그러자 물이 급격하게 줄어들었지요. 호수 면적이 40퍼센트나 줄어들 정도로 사태가 심각해졌어요. 그 때문에 호수물이 점점 짜지고 호수 바닥엔 소금이 생겼습니다. 거기서 살던 철갑상어, 유럽잉어들이 죽게 되어 한때 번성했던 무이나크 항구도 점점 쇠퇴해갔습니다.

▶ 뿐만 아니라 호수 바닥의 소금이 바람을 타고 날아가 주변 농경지를 황폐하게 만들고 타지키스탄 고지대에 쌓인 눈을 녹게 만들어 사람들의 건강을 위협하게 되었습니다. 생산성을 높이기 위해 자연을 거스른 농업 정책이 결국 지역 전체를 황폐하게 만든 것이죠. 이렇게 사태가 심각해지자 지금 뒤늦게 아랄 해를 살리기 위한 국제적인 노력이 이뤄지고 있습니다.

아프리카의 절반이나 되는 넓은 지역에서 토양이 점점 척박해지고 있어요.

아프리카, 마다가스카르
29쪽 참조.

헐벗은 산림
무너지는 땅

마다가스카르 섬 미안드리자보 근방의 풍경이랍니다. 옛날에는 이곳에도 숲이 무성했을 텐데, 지금은 초록빛 풀들이 간신히 붉은 흙을 덮고 있군요. 농사에 좋은 비옥한 흙이 강물에 다 떠내려가고 있네요.

▶ 강물 색깔이 정말로 이상하지요? 이 강은 바로 옆에 붙어 있는 언덕에서 곧바로 흘러 내려오는 진흙을 바다로 실어 나르지요. 언덕은 이제 아무것도 자라지 않는 민둥산이 되었습니다.

▶ 지난 몇 십 년간 이곳 사람들은 먹고살기 위해 숲에 불을 지르고 경작지를 얻기 위해 나무를 함부로 베어 버렸습니다. 그래서 지금은 보다시피 동물도 사람도 살아가기 힘든 땅이 되어 버렸네요. 숲이 사라지면서 땅도 메말라 가고, 비가 오면 빗물에 많은 흙이 씻겨 내려갑니다. 강물이 붉은색으로 변한 것도 다 이 때문이지요.

▶ 땅이 황폐해져서 농작물 수확이 줄어들면 사람들은 또 다른 숲을 찾아가 불을 지르고 밭을 갈고 농사를 짓습니다. 이런 일이 반복되면 점점 더 많은 숲이 사라지게 되겠죠. 그러다가 한꺼번에 많은 비가 쏟아지면 산사태가 일어나 마을이 통째로 흙 속에 묻히고 많은 사람들이 목숨을 잃기도 합니다.

해마다 지구에서는 14만 제곱킬로미터의 산림이 사라지고 있습니다.
이것은 우리나라의 1.4배에 해당하는 면적입니다.

남아메리카, 브라질

남아메리카에서 가장 넓고 세계에서도 다섯 번째로 크다. 다양한 인종들이 모여 살며 카니발 축제로 유명하다(인구 1억 9천1백만 명).

아마존의 급격한 산림 파괴

이 사진을 보면 꼭 곡물을 기르는 평원 한가운데 작은 숲이 있는 것 같지요? 하지만 그 반대입니다. 브라질의 열대림이 무참히 파괴되어 이렇게 일부만 남은 것이지요.

▶ 열대 밀림은 우리가 숨쉬는 데 필요한 산소를 만들고, 이산화탄소의 일부를 흡수하여 온실가스를 줄이는 데 큰 역할을 합니다. 이런 열대림에는 수많은 동식물들뿐만 아니라 자연과 조화를 이루며 조상 대대로 이곳을 터전으로 삼아 온 원주민들이 살고 있습니다. 그러나 몇몇 거대 개발업자들은 열대 숲을 정기적으로 베어내고 있고, 지금도 한 시간마다 축구장 일곱 개만한 크기의 숲이 지구상에서 사라지고 있습니다. 사진의 마투그로수 숲에서 나무를 베어내고 얻은 땅은 옥수수와 콩을 기르는 밭이 됩니다. 이 농작물은 유럽이나 미국의 가축들을 먹이는 데 쓰이고요.

▶ 유럽과 북아메리카에서는 숲이 좀 더 잘 관리되고 있습니다. '산림 개발 관리'라는 것 덕분에 아무렇게나 나무를 베는 일은 막을 수 있게 되었거든요. 세계 어느 곳에서든 우리의 노력에 따라 숲은 지속 가능한 방법으로 이용될 수 있습니다.

2020년이 되면 지금보다 20억 명이나 더 많은 인구가 지구에서 먹고살아야 합니다.

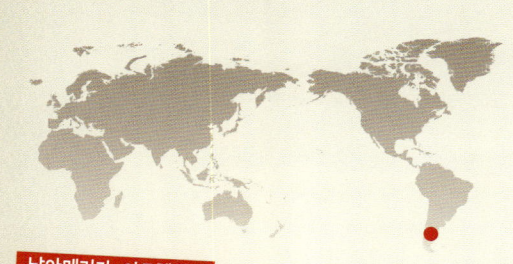

남아메리카, 아르헨티나
27쪽 참조.

사람들을 어떻게 먹일까요?

아르헨티나의 가우초들이 소떼를 몰고 가네요. 언젠가 도살장으로 끌려가겠지만, 이 소들은 방목지를 자유로이 돌아다니며 풀을 뜯어먹고 삽니다.

▶ 사람들이 먹기 위한 소, 닭, 돼지 등은 대개 갇힌 채 사료를 먹고 자랍니다. 건강 상태가 좋지 않아서 항생제를 먹이기도 하지요. 그런데도 병이 발생하기라도 하면 떼죽음을 당하기도 합니다.

▶ 무엇보다도 심각한 것은 고기를 얻기 위해서 가축들에게 사람들이 먹을 옥수수나 땅콩 등을 사료로 사용하고 있다는 점입니다. 오늘날 곡물 생산량의 3분의 1 이상이 가축 사료로 쓰입니다. 그런데 한 사람이 비프스테이크를 먹는 비용이면 대여섯 명이 쌀이나 밀로 식사를 해서 같은 칼로리를 얻을 수 있습니다. 그만큼 고기를 먹기 위해 곡물을 심어야 할 땅이 부족해지는 것이죠.

▶ 1989년 아프리카의 수단에서는 국민들이 식량 부족으로 고통 받고 있는데도, 가축 사료용으로 수수와 땅콩을 수천 톤이나 재배해 유럽에 수출했습니다. 2020년이 되면 지구 인구가 80억 명에 이른다고 하네요. 아무리 농사짓는 땅을 늘린다고 해도 식량 문제를 해결하기는 쉽지 않아 보입니다.

1950년에는 세계 인구의 65퍼센트가 농촌에 살았지요.
하지만 2025년이 되면 60퍼센트가 도시에서 살게 될 거래요.

남아메리카, 에콰도르

'에콰도르'는 '적도'라는 뜻이다. 국토의 북부가 적도에 걸쳐 있어서 세계 제1위의 바나나 수출국이다(인구 1천 4백만 명).

끝없이 늘어선 판잣집

인구가 3백만 명이나 되는 과야킬 상업 항구 도시의 판자촌 풍경입니다. 이렇게 빽빽하게 늘어선 판자촌의 생활환경은 정말 열악하죠. 그런데도 전 세계에서 매주 1백만 명의 인구가 도시로 이주하고 있답니다.

▶ 상하수도 시설이 잘 갖추어져 있지 않아 오염된 물을 먹으며, 오물도 아무렇게나 버려지고 있습니다. 이곳의 아이들은 가난해서 교육도 제대로 받지 못하고 있습니다. 게다가 이 집들은 바닷가 가까운 늪지에 말뚝을 박고 세워서 안전에도 문제가 있지요.

▶ 왜 이렇게 도시의 판잣집으로 사람들이 몰려들까요? 그 이유는 더 이상 농촌에서 살아가기 어렵게 되었기 때문이죠. 대부분의 개발도상국 농촌에서는 소규모의 농사로는 먹고살 수가 없게 되었습니다. 게다가 값싼 수입 농산물 때문에 농사짓기가 더욱 어렵게 되었죠. 그래서 사람들은 농촌을 떠나게 되었고 농사일 외에 다른 기술이 없어서 도시의 하층민으로 살아갈 수밖에 없게 되었습니다.

▶ 이렇게 점점 도시로 몰려들면 주거, 교통, 일자리, 대기오염 등 많은 문제가 발생합니다. 이 문제를 해결하기 위해서는 도시 사람들, 정책 담당자들 그리고 농촌을 지키는 사람들이 농촌을 살리기 위한 방법을 함께 찾아내지 않으면 안 됩니다.

선진국 사람들은 평생 동안 개발도상국 사람들보다
30~50배나 더 많이 소비하고 더 많은 쓰레기를 배출한대요.

북아메리카, 멕시코
마야와 아스텍 문명의 중심지로 고대 피라미드 조각 및 미술품이 많다(인구 1억 9백만 명).

넘쳐나는 쓰레기

멕시코시티에서는 매일 2만 톤의 쓰레기가 배출됩니다. 극빈자들이 이 쓰레기를 뒤져 재활용할 수 있는 것들을 골라내어 생활합니다. 쓰레기장 주변에 있는 찰코라는 도시는 그렇게 해서 생겼지요.

▶ **산업화된 국가들에서 1가구당 쓰레기 배출량이 지난 20년 사이에 3배나 급증했습니다.** 각종 음식물 찌꺼기와 못 쓰는 가구, 자동차, 신발 등 헤아릴 수 없이 많은 쓰레기들이 생겼지요. 그것들을 파묻고, 태우고, 바다에 버리기도 하지만 근본적인 해결책이 되지는 못합니다. 쓰레기를 그냥 버리게 되면 흙과 지하수가 오염되어 생물이 살아가기 힘들어집니다. 태우면 다이옥신이라는 암을 유발시키는 물질이 나와 인체에 피해를 줍니다. 바다에 버리는 것 역시 바다 오염의 원인이 되지요.

▶ **따라서 산업화된 국가들에서 쓰레기 처리는 아주 중요한 활동에 속합니다.** 오늘날에는 유리, 종이, 플라스틱, 금속 등 재활용 쓰레기를 따로 모아 새로운 물건을 만들지요. 쓰레기의 양도 줄일 수 있고 고갈될 원료들을 절약할 수 있는 이점도 있습니다. 이처럼 재활용을 생활화하고, 불필요한 과대 상품 포장과 소비를 줄이는 등의 새로운 방식의 소비를 실천해 나가야 합니다.

세계 각국의 정부들은 가난한 국가에 원조하는 비용보다 약 15배나 되는 큰 돈을 군사비에 퍼붓고 있습니다.

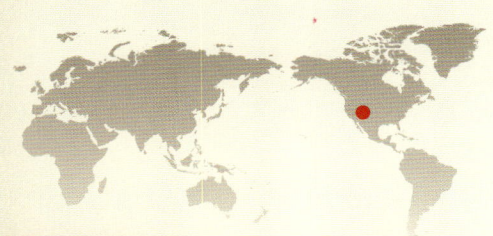

북아메리카, 미국

다양한 인종이 어울려 사는 나라로 전 세계 군비 지출의 2/5를 차지하고 있으며 세계의 경제, 정치, 문화를 선도하는 강대국이다(인구 3억 1백만 명).

전쟁의 상처

모하비 사막의 비행기 무덤에 있는 B-52 폭격기들입니다. 미국은 매일 국민 1인당 3달러를 국방비로 쓰고 있는데요, 전 세계에는 하루 1달러 이하로 살아가는 사람들이 12억 명이나 됩니다.

▶ 전 세계 50여 개나 되는 지역에서 분쟁이 일어나고 있습니다. 전쟁은 사람에게서 미래를 빼앗고 오래도록 지워지지 않을 상처를 남깁니다. 많은 사람들의 목숨을 앗아갈 뿐만 아니라 집과 공장, 자연환경에까지 심각한 피해를 주지요.

▶ 그러나 인류는 지금까지 이런 전쟁을 역사에서 몰아내지 못하고 있습니다. 2차세계대전 때는 우리나라 전체 인구에 버금가는 4천9백만 명이 죽었지요. 그런데도 전 세계의 많은 국가들은 군사비에 엄청난 돈을 쓰고 있습니다. 가난한 나라를 원조하는 비용보다 약 15배나 더 많답니다. 그뿐만 아니라 많은 나라들이 열심히 무기를 만들어 파는 데 열을 올리고 있습니다.

▶ B-52라는 폭격기도 그렇게 만들어 팔린 무기 중 하나라는군요. 이 비행기는 폭탄을 잔뜩 싣고 날아가 높은 하늘에서 인정사정 보지 않고 퍼붓는 아주 무서운 비행기입니다. 그래서 '융단 폭격'이라는 말이 나왔답니다.

인류가 기상 관측을 시작한 이래 1990년대에는 가장 기온이 높았습니다.

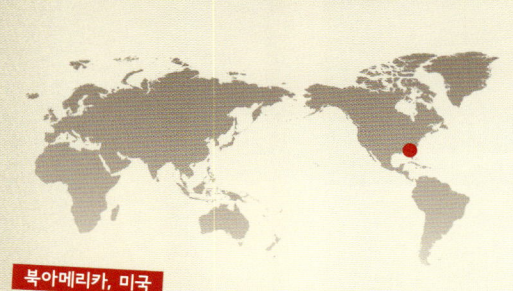

북아메리카, 미국

37쪽 참조.

기후가 화가 나면

플로리다 주에 허리케인이 지나간 뒤 온전한 것이라곤 아무것도 남아 있지 않군요. 미국 같은 나라에서는 그나마 피해 복구와 경제 활동 회복이 빠른 편이지만 다른 가난한 나라들에서는 어떨까요?

▶ 폭탄이라도 떨어졌냐고요? 아닙니다! 그럼 지진이라도 난 걸까요? 그것도 전혀 아니죠! 1998년 9월에 발생한 허리케인이 플로리다 주를 강타했습니다. 무시무시한 속도의 강한 바람에 지붕, 나무, 허술한 다리와 집이 몽땅 날아가 버리고 많은 이재민이 발생했습니다. 이를 복구하는 데만 상당히 오랜 시간이 걸렸지요. 그런데 이러한 재해는 미국뿐만 아니라 멕시코, 도미니카, 온두라스, 과테말라 등 열대 지역에서 가장 집중적으로 일어나기 때문에 안 그래도 가난한 국가들의 상황이 더욱더 나빠지고 있는 형편이지요.

▶ 근래 들어 지구온난화와 함께 가뭄, 홍수, 폭우, 이상 고온 등의 기상이변이 전 세계적으로 많이 발생하고 있습니다. 아직 정확한 원인은 밝혀지지 않았지만 이런 기상이변들은 지구온난화와 밀접한 관계가 있는 것 같다고 하네요.

▶ 이제 지구온난화 문제는 모든 지구별 시민들이 반드시 해결해야 할 문제가 되었습니다.

날마다 지구에서는 3만 명의 어린이들이 치료할 수 있는 방법이 있는데도 죽어 갑니다.

아프리카, 차드
사막 기후라서 '아프리카의 죽은 심장'이라고 불리며, 세계 최빈국이다 (인구 1천만 명).

평등하지 못한 의료권

햇볕에 말리려고 샤리 강변에 늘어놓은 예쁜 양탄자들 좀 보세요. 이곳 사람들은 이 강물을 마시고 씻을 물로, 음식을 조리하는 물로 그리고 이렇게 양탄자를 빨래하는 물로도 쓰지요. 그러다 보니 전염병에 걸릴 위험도 커지지요.

▶ 사람들은 누구나 건강하게 살 권리가 있습니다. 모든 사람은 결핵과 같은 전염병에 걸리지 않도록 예방접종을 받고, 아플 때는 치료를 받으며, 보건위생상의 위험을 전달받고 그것을 예방하기 위해서는 어떻게 해야 하는지 정보를 얻을 수 있어야 합니다.

▶ 그러나 많은 나라가 효율적인 의료 체계를 갖추지 못하고 있는 형편입니다. 그래서 콜레라와 같은 전염병이라도 발생하면 더 큰 위험에 처하게 됩니다.

▶ 오늘날 에이즈 환자 약 4천만 명 중 2천5백만 명은 아프리카 사람들이라고 합니다. 환자를 살릴 수 있는 약이 개발되었지만, 너무 비싸서 가난한 아프리카 환자들에게는 별 도움이 되지 못합니다. 1997년에는 5세 이하 어린이 1천만 명이 전염병으로 목숨을 잃었는데, 그중 97퍼센트가 가난한 나라의 어린이였다고 합니다.

 2009년 32개국에서 가동 중인 원자로는 436개에 달합니다. 아직까지 거기서 발생하는 많은 양의 핵폐기물을 안전하게 처리할 수 있는 기술이 없어 그저 지하에 계속 쌓아 두고 있는 형편이지요.

유럽, 우크라이나

유럽에서 두 번째로 크며 코자크와 오렌지 혁명의 나라로 문화적 전통이 오래된 자원 부국이다. 피산카라고 불리는 부활절 달걀의 전설이 유래한 나라이다(인구 4천 6백만 명).

편리하지만 위험한 핵에너지

체르노빌 원자력발전소의 폭발로 방사능에 오염되어 더 이상 사람이 살 수 없게 된 우크라이나의 프리피아트 지역이랍니다. 1986년 4월까지만 해도 4만 7천 명의 인구가 살고 있었지만 지금은 보다시피 유령의 도시가 되었지요.

▶ 원자력발전은 석유나 석탄을 쓰는 화력발전과 달리 지구온난화를 일으키는 온실가스를 배출하지 않습니다. 그래서 지금도 많은 나라들이 원자력발전을 이용하고 있지요. 현재 미국에는 100여 기 이상의 원자력발전소가 가동 중이고, 일본도 50여 기가 넘는 원자력발전소가 있습니다. 우리나라에도 총 20기가 가동 중에 있답니다.

▶ 그런데 이런 원자력발전이 항상 이로운 것만은 아닙니다. 만약 안전사고가 발생하면 피해는 상상을 뛰어넘습니다. 이때 밖으로 새어 나온 방사능은 모든 생물의 세포를 망가뜨려서 죽게 만듭니다. 기형적인 생물들이 태어날 수도 있고, 암과 백혈병 같은 심각한 질병을 일으키기도 합니다.

▶ 1986년에 일어난 체르노빌 원자력발전소의 폭발 때문에 앞으로도 만 명 이상이 더 사망할 것이라고 합니다. 이 사고로 주변의 여러 나라가 오염되었고, 수만 명이 고향을 떠나야 했습니다. 아직도 4천343개의 마을과 도시가 오염된 상태랍니다.

식물은 뿌리로 흙을 붙들어 흙이 씻겨 내려가는 것을 막아줍니다.
1930년 이후로 식물의 수가 줄어들면서 석호가 형성되기도 어려워졌지요.

유럽, 이탈리아

로마제국, 르네상스가 꽃핀 나라로 유네스코 세계문화유산이 가장 많은 나라이다. 관광객들의 발길이 끊이지 않는다(인구 5천8백만 명).

바다와 육지의
절묘한 만남

아주 이상한 모습이지요? 마치 물줄기들이 살아 있는 듯 꿈틀거리고 있네요. 바로 베네치아 석호의 모습이랍니다. 바닷물이나 바람에 의해 모래가 쌓여 만들어지는 석호는 온갖 생명의 천국이랍니다.

▶ 바다의 수면이 올라가면서 지대가 낮은 곳은 21세기 말 전에 바다에 잠길 운명에 처해 있습니다. 예를 들어 베네치아, 뉴욕, 도쿄는 일부가 물에 잠기게 될지도 모릅니다.

▶ 베네치아는 다른 곳보다 문제가 심각합니다. 바다가 석호 위로 올라오기 때문이죠. 게다가 이 도시는 진흙과 점토 위에 기둥을 세워 건설되었기 때문에 조금씩 가라앉고 있어요. 이러한 상황은 큰 배가 쉽게 드나들도록 운하와 통로를 넓히는 작업을 하면서 더욱 악화되었습니다. 지반이 흔들리고 지하수층에서 물을 펌프로 끌어올리기 때문에 토양 약화와 침식은 더욱 심해졌지요.

▶ 오늘날 큰 홍수가 자주 일어나 이 도시의 주요한 문화유산과 수중 생물들의 삶을 파괴하고 있습니다. 베네치아는 석호의 자연적 균형을 파괴하지 않으면서 이 귀중한 도시를 구할 수 있는 방안을 모색했죠. 그래서 나온 것이 '모세 프로젝트'입니다. 수면 상승을 막기 위해 떠다니는 둑을 건설하는 등 여러 가지 지혜를 모으고 있지요.

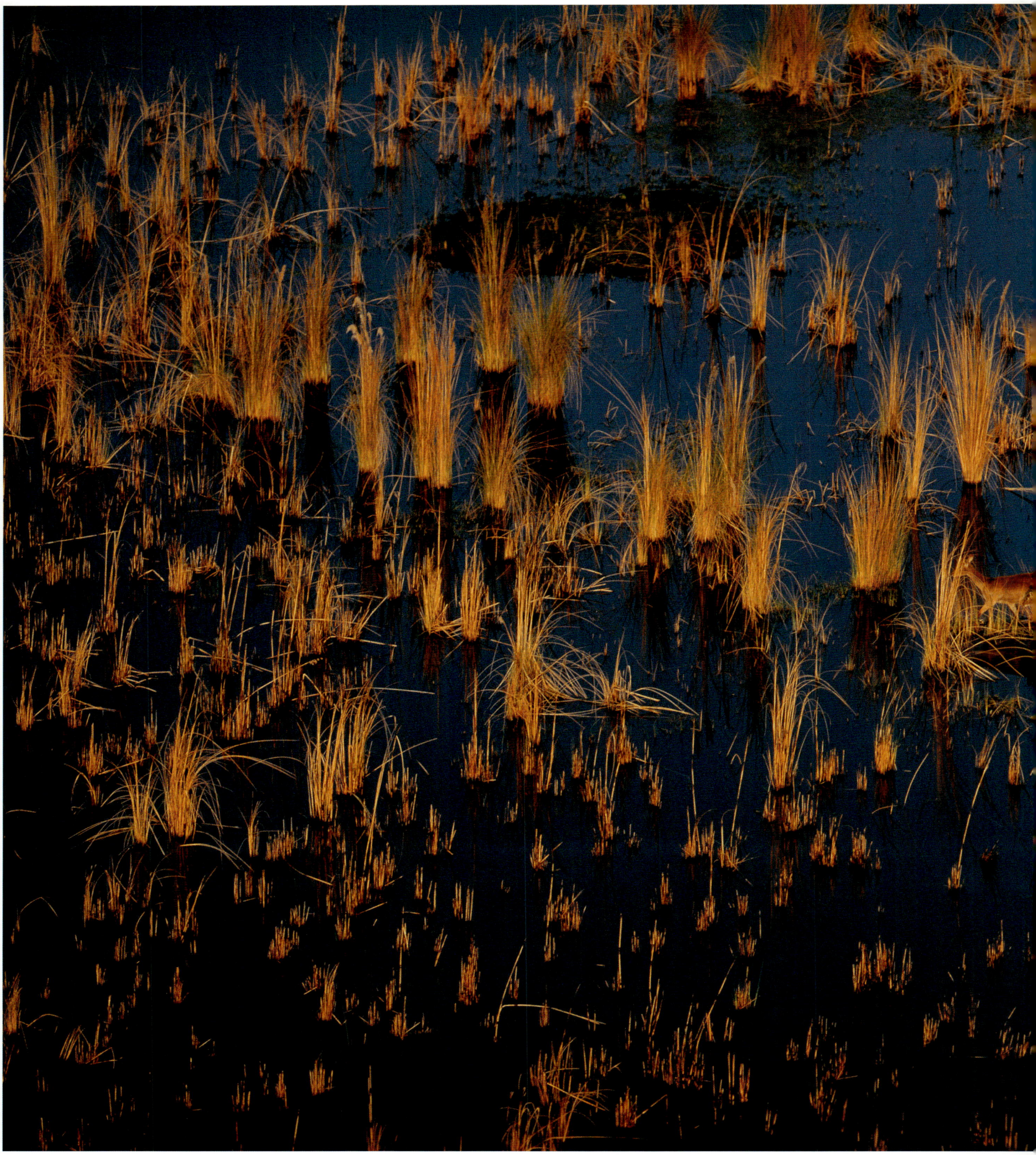

인간의 활동은 38억 년 동안 진화하며 존재해 온 생물의 다양성을
단 수십 년 만에 헝클어 놓았습니다.

남아프리카, 보츠와나

자연과 더불어 사는 지혜를 가진 부시먼의 나라이며 야생 동물들의 오아시스다. 아프리카에서 가장 살기 좋은 나라로 불린다(인구 2백만 명).

생명은 정말 다양해요

원시 생태계가 아주 잘 보전된 오카방고 삼각주에는 온갖 동물들이 살고 있습니다. 사람들이 보기에 별 쓸모 없어 보이는 이런 습지도 많은 생명체들이 태어나고 살아가는 아주 중요한 장소랍니다. 습지를 잘 보존해야 하는 까닭이 바로 여기에 있지요.

▶ 오랜 시간에 걸쳐 생성된 이곳은 인간에 의해 점점 위태로워지고 있습니다. 주변 지역이 목축을 위해 개발되고, 주변 국가들은 수자원을 둘러싸고 서로 다투고 있습니다. 또한 점점 더 많은 사람들이 관광을 목적으로 이곳을 찾고 있지요. 하지만 정작 관심을 기울여야 할 것은 이곳에 살고 있는 다양한 생물들입니다.

▶ 현재 지구상에는 1만 1천 종 이상의 동식물이 당장이라도 멸종해버릴지도 모르는 위기에 처해 있습니다. 한 시간에 한 종 꼴로 사라지고 있지요. 지금까지 알려진 지구상의 동식물은 175만 종에 이릅니다. 아직도 미기록 상태인 동식물을 포함하면 1천 4백만 종까지 높아진답니다.

▶ 만일 인간의 활동으로 이런 생명체들이 하나둘씩 사라진다면 대규모의 환경 재난이 일어나 사람도 더 이상 이 지구에서 살아가기 힘들게 될 것입니다. 모든 종은 레고 블록으로 만든 집처럼 서로 연결되어 있기 때문에 어느 한 종만 사라져도 수백 종이 함께 사라질 수 있습니다.

지구에 사는 사람들 4명 중 1명은 해안에서 60킬로미터 이내 지역에 거주하고 있어요.

아시아, 필리핀

사면이 바다로 둘러싸인 해양국으로 인근 바다가 태풍의 발생지이다. 환태평양 조산대에 있기 때문에 화산과 지진으로 인한 피해도 적지 않다(인구 9천2백만 명).

파괴된 해안들

거대한 물감을 풀어 놓은 듯한 이 아름다운 풍경은 불행하게도 필리핀의 민다나오 섬 부근의 금광을 채굴하면서 함부로 버린 폐기물이 만들어 내는 것이지요. 이 물 아래서 산호초들이 죽어가고 있습니다. 공해 물질과 접촉된 데다 햇빛도 충분히 받지 못하기 때문이지요.

▶ 작은 배가 푸른 바다, 누르스름한 바다, 초록 바다 사이에서 어디로 갈까 망설이고 있는 것처럼 보이지 않나요? 100년 전에는 이곳도 푸르고 아름다운 바다였지요.

▶ 세계 곳곳의 바닷가는 물고기들이 알을 낳고 성장하는 데 중요한 장소입니다. 이곳처럼 열대지방의 연안 지역, 즉 바다와 뭍 사이에 우거진 맹그로브 나무들은 물고기와 새들의 안식처이자 먹이 창고가 되어 주지요. 이 작은 나무들은 땅으로부터 흘러오는 침전물이 바다로 유입되지 않게 막아 주는 역할도 해서 바닷가를 지켜줍니다.

▶ 이러한 자연 환경이 뒤흔들리면 동물군, 식물군에도 급격한 변화가 나타납니다. 땅을 적절히 개발하고 폐수를 정화하며 하구, 해변, 산호초, 맹그로브 숲 등을 보호하는 것이 하나뿐인 지구의 자연 환경을 유지하는 비결입니다. 그래야 고기도 계속 잡을 수 있고 자연을 밑천 삼는 관광업도 할 수 있으니, 주민들의 일과 생계가 다 여기에 달려 있는 셈이지요.

대기 중에 방출되는 이산화탄소의 4분의 1은 자동차 배기가스입니다.

아시아, 일본
만화와 애니메이션의 천국. 물고기를 가장 많이 잡고 가장 많이 먹는 나라이다(인구 1억 2천7백만 명).

공기를 오염시키는 교통

선진국일수록 자동차를 위한 도로가 잘 정비되어 있지요. 일본 요코하마 항 근처에 있는 입체형 교차로입니다. 자동차는 도시에서 공기를 오염시키고 건강에 해로운 미세 먼지를 일으키는 주범이랍니다.

▶ **자동차 없는 세상을 상상이나 할 수 있을까요?** 그만큼 자동차는 우리 생활 깊숙이 자리 잡고 있습니다. 학교를 갈 때도, 놀러 갈 때도, 또 물건을 싣고 갈 때도 자동차는 매우 유용합니다.

▶ **그렇다고 자동차가 우리 생활에 꼭 행복만을 가져다주는 것일까요?** 전 세계적으로 자동차 사고로 죽는 사람이 매년 120만 명에 달합니다. 이 숫자는 전염병이나 전쟁으로 죽는 사람보다 많습니다. 게다가 자동차는 각종 공해 가스를 방출하고 이산화탄소 같은 온실가스를 배출하여 지구의 기온 상승에 큰 몫을 차지한답니다.

▶ **요즘은 이런 문제를 해결하기 위해 도시민들과 지역 사회에서 새로운 운동이 일어나고 있습니다.** 자가용보다는 대중교통을 이용하고, 가까운 거리는 자전거를 타고 다니거나 건강을 위해 걸어 다니는 것 등이죠. 세계 곳곳에서 이를 위해 자동차 없는 거리를 만들거나 자전거 전용 도로를 만드는 노력을 기울이고 있습니다.

풍력과 태양열 에너지 생산량은 1995년 이후 해마다 21퍼센트, 35퍼센트씩 훌쩍 뛰어오르고 있습니다.

유럽, 덴마크

안데르센과 레고의 나라이다. 세계 최초로 사회보장을 법으로 정하여 오늘날 모든 국민이 폭넓은 사회보장 혜택을 받고 있다(인구 5백만 명).

자연이 주는 천연에너지

사람들은 자연에 피해를 주지 않는 청정에너지를 찾기 위해 노력하고 있지요. 코펜하겐 앞바다에 있는 이 미델그룬덴 풍력발전 단지는 유럽 최대 규모로 이 나라에서 쓰는 전기량의 3퍼센트를 공급하고 있답니다.

▶ **왜 대체 에너지가 필요한 것일까요?** 현재 우리가 주로 사용하는 석탄과 석유 같은 화석에너지는 앞으로 사용 가능한 양이 제한되어 있고, 지구 온난화의 주범인 각종 공해 가스를 배출하기 때문입니다. 그래서 오늘날 태양열을 이용하여 가로등을 밝히고 난방을 하기도 하고, 풍력발전기를 세워 전기를 얻기도 합니다. 그 외에도 수력과 땅의 열을 이용하는 지열 에너지 등을 이용하려는 노력들이 꾸준히 이루어지고 있습니다. 그리고 식물 연료를 이용하는 바이오 에너지 산업도 활발하게 추진되고 있습니다. 옥수수나 유채에서 뽑아낸 기름을 자동차 연료로 사용하는 것이지요.

▶ **그러나 아무리 대체 에너지원을 찾아낸다** 고 해도 에너지를 절약하는 생활을 하지 않는다면 밑 빠진 독에 물 붓기나 다름 없습니다. 전기 코드만 꽂으면 전기를 쓸 수 있다는 그릇된 생각을 버리지 않는 한 대체 에너지를 찾으려는 노력들은 다 헛수고가 될 수도 있답니다.

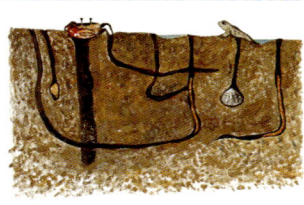

갯벌은 바다 생물들의 보물 창고입니다. 인간이 보지 못하는 갯벌 아래에서는
수많은 생물들이 생명의 교향곡을 연주하고 있습니다.

아시아, 대한민국
세계에서 유일한 분단국가로, 1953년 휴전협정 체결 후 북한과 휴전 상태가 계속되고 있다(인구 5천만 명).

다양한 생명들의
공존

바닷물이 굵게 그어 놓은 구불구불한 물길과 어촌 사람들의 작은 끌배가 남긴 길, 그 사이에 바다 생물이 아무렇게나 그어 놓은 길이 한데 어우러진 갯벌은 인간과 자연이 함께 만들어 낸 아름다운 풍경화이지요.

▶ 철새들의 보금자리인 순천만입니다. 무려 21.6제곱킬로미터나 되는 갯벌과 5.4제곱킬로미터의 갈대밭을 합치면 서울에 있는 여의도 면적의 세 배가 넘는다고 합니다.

▶ 이곳에는 쫄깃한 맛으로 유명한 꼬막 같은 조개들과 개펄 위를 기어 다니는 짱뚱어가 살고 있습니다. 이런 바다 생물을 찾아서 겨울철이면 천연기념물 제228호 흑두루미를 비롯해 검은머리갈매기, 황새, 저어새, 노란부리백로 등 세계적으로 희귀한 11종류의 새들이 날아오고, 200여 종의 새들이 일 년 내내 머무르고 있지요.

▶ 누구라도 이 사진을 보게 된다면 더 이상 개펄을 흙으로 메워야 하는 쓸모 없는 곳이라는 생각을 하지는 않겠지요. 개펄의 진짜 주인이 누구인지, 자연이 얼마나 멋진 길을 만드는지 분명하게 알 수 있으니까요. 앞으로 사람들은 개펄 위에 사이좋게 그려진 여러 길처럼 자연과 인간이 함께 어울려 사는 방법을 찾아야 할 것입니다.

희망이 있는 한
우리의 미래, 아직 늦지 않았습니다!

지구가 안고 있는 문제들은 우리 한 사람 한 사람의 행동이 지구의 미래와 우리 모두의 삶에 중요한 영향을 미친다는 사실을 가르쳐 줍니다. 이것은 오히려 좋은 일 아닐까요? 우리 각자의 결정이 그만큼 중요하다는 이야기니까요. 이제 우리는 더 이상 무슨 짓을 해도 상관없다는 듯이 행동할 수 없을 거예요. 결국은 이것도 좋은 일이 아니겠어요?

지구의 미래를 위해 우리가 해야 할 일이 너무 많고, 어떤 일은 해결하기에 너무 힘들어 보이기도 합니다. 그러나 한꺼번에 모든 것을 바꿀 수는 없습니다. 우리 한 사람 한 사람의 작은 노력이 모여야 지구가 안고 있는 문제를 해결할 수 있습니다. 그만큼 우리의 행동 하나하나가 지구의 미래와 우리의 삶에 큰 영향을 줄 수 있습니다.

전 세계 부(富)의 80퍼센트를 세계 인구의 20퍼센트밖에 되지 않는 사람들이 누리고 있다는 이야기를 들어 보셨나요? 아직도 전 세계에는 1달러 이하의 돈으로 하루를 살아가는 사람들과 가족을 부양하느라 학교에 가지 못하는 아이들이 많습니다. 이런 얘기를 들을 때면 참으로 세상이 불공평해 보입니다. 하지만 조금만 달리 생각해 보면, 이것은 우리가 작은 노력만으로도 어떤 사람의 인생을 크게 바꿀 수 있다는 것을 의미하기도 합니다. 멋지지 않나요? 비록 작은 행동에 불과하지만 다른 사람들에게 큰 도움이 된다니 말이에요.

루즈벨트 대통령은 미국에 대공황이 닥쳤을 때 "우리가 두려워해야 할 것은 두려움 그 자체"라고 하면서 희망을 가지는 게 중요하다고 말했습니다. 그러고 나서 그는 '뉴딜(New Deal)'이라는 '새로운 처방전'으로 미국을 구해 냈습니다. 희망은 다함께, 과거와 다르게 살기 시작하면 자연스럽게 솟아오르게 될 것입니다.

그리고 사람들은 어리석은 일을 저지르기도 하지만 금방 잘못을 깨닫기도 합니다. 수십 년 전만 해도 갯벌은 쓸모없는 땅이라 하여 농지로 메우기 일쑤였습니다. 하지만 지금 갯벌은 쓸모없는 땅이기는커녕 무한한 생명력을 가진 제2의 바다로 생각되고 있습니다. 또한 수십 년 전 중앙 아시아의 아랄 해 인근에서는 목화밭을 가꾸기 위해 강물의 흐름을 바꿔 버린 적이 있습니다. 그 결과 아랄 해가 엄청나게 줄어들어 버렸습니다. 하지만 오늘날에는 이런 일이 되풀이되지 않도록 좀 더 신중하고 합리적인 대안들을 찾으려고 노력하고 있습니다. 아래에서 그러한 새로운 대안들 중 몇 가지를 소개하려고 합니다. 이 대안들은 자연을 존중하며 미래를 생각하기 때문에 '지속 가능한' 것들로 불리고 있습니다.